134

MEMOIRE

POUR Claude-François Jore,

CONTRE le Sieur François-Marie de Voltaire.

J'AI payé bien cherement la confiance aveugle que j'ai eu pour le Sieur de Voltaire. Eblouï par ses talens, je me suis livré à lui sans réserve. J'y ai perdu ma fortune, ma liberté, mon état. Dans ma triste situation je me suis adressé à lui, & l'ai prié de me payer 1400. livres 5. sols qu'il me doit. Toutes sortes de motifs devoient l'engager à ne pas balancer sur une demande aussi juste : l'équité, la commiseration même pour un homme dont il a causé la ruine. Quelle est la réponse que j'en ai reçûë ? Des injures & des menaces. Le Sieur de Voltaire s'est néanmoins radouci : il a fait l'effort de m'offrir par degrez jusqu'à cent pi-

A

ſtoles. Dans tout autre tems je n'aurois
pas heſité d'accepter ſon offre ; je l'aurois
certainement préferée à la douloureuſe extrêmité de traduire en Juſtice un homme
dont j'ai été moi-même l'admirateur , &
qui m'avoit ſéduit par le brillant de ſon imagination ; mais les pertes que j'ai eſſuyées
me mettent dans l'impoſſibilité d'en ſup-
porter de nouvelles. Ainſi après avoir tenté
inutilement toutes les voies de la politeſſe ;
après m'être adreſſé à des perſonnes reſ-
pectables pour eſſayer de faire ſentir au
Sieur de Voltaire l'injuſtice & la baſſeſſe de
ſon procedé ; je me ſuis vû dans la dure
néceſſité de le citer devant les Juges.

Pour défenſes il m'oppoſe par écrit une
fin de non recevoir , & employe ſa voix à
publier dans le monde qu'il m'a payé.

C'eſt à cette alternative que je dois répondre. En même-tems que j'attaque le
Sieur de Voltaire pour le payement d'u-
ne ſomme qu'il me doit , j'ai à me défen-
dre de la lâcheté qu'il m'impute , de lui

demander un payement que j'ai reçû. Ma
juftification n'eft pas ce qui m'inquiéte. Un
compte exaût des faits qui fe font paffés
entre le Sieur de Voltaire & moi, effacera
bientôt toute idée de payement. Si le con-
trecoup en eft cruel pour le Sieur de Voltaire ; fi le récit que je vais en faire contient
même des faits humilians pour lui, qu'il
fe reproche de m'y avoir réduit pour me
laver d'une baffeffe. La conduite que j'ai
toûjours tenuë avec lui, fera bien voir que
jamais je ne me ferois porté de moi-même
à cette extrêmité. A l'égard de la fin de
non recevoir qui m'eft oppofée, il ne me
fera pas difficile de prouver qu'elle n'a pas
plus de réalité que le payement.

J'ai connu particulierement le Sieur de
Voltaire pour lui avoir donné un logement
chez moi pendant un féjour de fept mois
qu'il a fait à Rouen en 1731. Il choifit ma
maifon pour y defcendre, & j'avouë que je
fus doublement fenfible à cette préference ;

tant par les efperances flateufes que j'en
conçûs pour mon commerce, que par la
vanité de poffeder un hôte, dont le nom
faifoit tant de bruit. Je ne pus cependant
joüir de cet honneur aux yeux de la Ville.
Soit modeftie, foit politique, le Sieur de
Voltaire ne voulut y être regardé que comme un Seigneur Anglois, que des affaires
d'Etat avoient obligé de fe réfugier en France.
Il parloit moitié Anglois, moitié Fran-
çois. Toute ma maifon fut fidele au fecret.
Ainfi le Seigneur Anglois content d'un
refpect vulgaire dû à fon rang, échapa
humblement aux honneurs, qu'une Ville
compofée de gens de condition & d'efprit;
n'auroit fans doute pas manqué de rendre
à l'illuftre Voltaire, fi elle avoit fçû que
ce grand homme étoit renfermé dans l'en-
ceinte de fes murs.

Le Sieur de Voltaire avoit pour objet
dans fon voyage l'impreffion de fon Charles XII. dont il fit faire deux différentes
éditions tout à la fois, & une nouvelle édi-.

tion de la Henriade. Lorſque cet Auteur
dit qu'il ne vend point ſes ouvrages , c'eſt-
à-dire qu'il ne les vend point à fortfait , &
effectivement il y perdroit trop. Il eſt dans
l'uſage de les faire imprimer à ſes frais ; &
après en avoir détaillé par lui-même une
partie, il vend à un Libraire le ſurplus de
l'édition , qui tombe dans l'inſtant par une
nouvelle qu'il fait ſucceder , à la faveur de
quelques changemens legers. C'eſt par ce
petit ſçavoir faire que les faveurs des Muſes
ne ſont point pour Voltaire des faveurs ſteri-
les; & que devenu ſage par l'exemple de tant
d'autres Poëtes, il ſçait s'en ſervir utilement
pour ſe procurer auſſi celles de Plutus.

Après un ſéjour de trois mois à la Ville ;
Milord Voltaire eut beſoin pour ſa ſanté de
prendre l'air à la campagne. Toûjours at-
tentif à plaire à mon hôte je ſçûs lui procurer une jolie maiſon de Campagne à une
lieuë de Rouen. Avant que de partir le
Sieur de Voltaire , par un trait d'économie
voulut congedier un valet que j'avois arrêté

pour lui à 20. fols par jour ; mais pour le coup Voltaire trahit le Seigneur Anglois ; il ne voulut payer le valet que fur le pied de dix fols, & coupa ainfi fes gages par la moitié. Je tirai 45. livres de ma bourfe & terminai la conteftation.

Ces 45 liv. ne m'ont jamais été rendues. Il eft vrai que le Sieur de Voltaire parla galamment de les acquitter avec une Pendule, qui manquoit à la parure de la Chambre où il couchoit ; mais ni la Pendule ni le payement ne font venus, & ce n'eft pas la feule petite dette que j'aye à répeter contre lui.

Le Sieur de Voltaire paffa un mois à la campagne. Il y vivoit, comme dans l'âge d'or, d'herbes, d'œufs frais & de laitage. La Jardiniere qui lui fourniffoit ces alimens champêtres, lui rendoit auffi d'autres fervices. Elle alloit trois fois la femaine à la Ville pour les épreuves de l'impreffion. Le Sieur de Voltaire ne fut pas ingrat de fes bons offices. Pour récompenfer fes peines

& lui payer un mois de penſion , il lui donna noblement ſix livres. Cette femme m'en
porta ſes plaintes , me repreſenta que ſes
œufs n'étoient ſeulement pas payés , & par
honneur je pris encore le ſoin d'appaiſer ſes
murmures & de la ſatisfaire.

Je le perdis enfin cet hôte illuſtre. Il s'en
retourna à Paris , après un ſéjour de ſept
mois , tant chez moi qu'à la maiſon de campagne d'un de mes amis , & le rolle de
Seigneur Anglois finit glorieuſement par
une piece de vingt-quatre ſols , dont ſa
généroſité gratifia la ſervante d'une maiſon
où rien ne lui avoit manqué pendant un ſi
long eſpace de tems , ſoit en ſanté , ſoit
dans une maladie qu'il y avoit eſſuyée.

Ce n'eſt qu'avec une peine extrême que
j'ai pris ſur moi d'entrer dans ce détail. Je
ſerois au déſeſpoir qu'il tombât dans l'eſprit
de quelqu'un , que j'aye deſſein de reprocher au Sieur de Voltaire la dépenſe qu'il
m'a occaſionnée , ni de lui demander qu'il
m'en tienne compte. En expoſant ſa con-
A iiij

duite & la mienne, je n'ai penfé qu'à en montrer l'oppofition. J'ai voulu faire voir, par l'empreffement que j'ai toujours eu à obliger le Sieur de Voltaire, & par les procedés que j'ai toujours tenus avec lui, combien je ferois éloigné d'une lâcheté pareille à celle de lui demander un payement que j'aurois reçû ; qu'au contraire l'indignité avec laquelle il en ufe aujourd'hui à mon égard, eft précifément dans fon caractere, que fon penchant l'entraîne naturellement vers l'ingratitude, & le porte à fruftrer généralement tous ceux envers qui il eft redevable.

A peine le Sieur de Voltaire fut-il de retour à Paris, qu'il me manda de le venir trouver pour une affaire importante qu'il vouloit me communiquer. Je partis fur le champ & me rendis à fes ordres chez la Dame de Fontaine-Martel, où il avoit établi fon domicile : car quoique ce riche Partifan de la République des Lettres jouiffe de 28000 liv. de rente, cependant il n'a ja-

mais crû qu'un grand Poëte tel que lui , dût
se loger & vivre à ses dépens.

La grande affaire dont il s'agissoit, étoit
l'impression de 25 Lettres, qui pour mon
malheur ne font que trop connuës , & pour
lesquelles le Sieur de Voltaire m'assura avoir
une permission verbale. En même tems
pour solde d'un vieux compte montant à
700 liv. il me donna en payement quelques
exemplaires de la Henriade , qu'il se dis-
posoit secretement à faire réimprimer avec
des additions, & un reste des éditions de
son Charles XII. dont le lendemain il ven-
dit un Manuscrit plus ample au Sieur Fran-
çois Josse Libraire de Paris.

J'avouë que les différens traits, dont j'a-
vois été témoin , auroient dû me dessiller
les yeux sur le Sieur de Voltaire ; mais ils
n'étoient ouverts que sur le mérite de l'Auteur ; & sçachant qu'effectivement il avoit
souvent obtenu par son crédit des permis-
sions & des tolérances , je me fiai à sa parole , & j'eus la facilité d'accepter le Ma-

nuſcrit pour l'exécuter. Le Sieur de Voltaire de ſon côté s'engagea à payer l'im-
preſſion & le papier, & à faire tous les frais
de l'édition. Il exigea en même tems que
les épreuves des premieres feüilles lui fuſſent
envoyées par la poſte ; elles l'ont été en
effet à ſon nouveau domicile, chez le Sieur
Deſmoulins Marchand de bleds, & ſon
aſſocié dans ce Commerce, où il avoit
été loger depuis la mort de Madame de
Fontaine-Martel.

   L'édition ayant été achevée en aſſez peu
de tems, le Sieur de Voltaire, dont l'ouvrage commençoit à faire du bruit, me fit
avertir de la mettre à l'écart & en ſûreté,
entre les mains d'un de ſes amis, qui devoit m'en payer le prix. Je connus alors le
tort que j'avois eu de me fier à la parole
du Sieur de Voltaire, ſur la permiſſion d'imprimer ce Livre. Cependant, quoique
l'édition fût conſidérable, puiſqu'elle avoit
été tirée à 2500. Exemplaires, je pris le parti de ne m'en point déſaiſir, à moins qu'on

ne m'envoyât un certificat de la permiffion.
J'en fis même changer le dépôt. Je me
rendis en même tems à Paris chez le Sieur
de Voltaire, & lui fis part de ma réfolu-
tion. De fon côté, il convint de faire quelques changemens à l'ouvrage. Pour y tra-
vailler & en conférer, il me demanda deux
Exemplaires, que je ne fis aucune diffi-
culté de lui donner.

Ce fut alors que l'imagination vive &
féconde du Sieur de Voltaire lui fit enfan-
ter un projet admirable pour fe tirer d'affaire. J'étois en procès avec le Sieur Ferrant
Imprimeur de Roüen, qui avoit contrefait
un Livre dont j'avois le privilége. Le Sieur
de Voltaire me confeilla de lui faire donner
fous-main fon Ouvrage en manufcrit. Il ne
manquera pas, ajoûta-t-il, de tomber dans
le piége & de l'imprimer : l'édition fera
faifie à propos : les Superieurs, inftruits que
je n'aurai eu aucune part à l'impreffion,
jugeront que le Manufcrit m'aura été vo-
lé, & que par conféquent je ne puis être

responsable des autres éditions qui en pour-
ront paroître. Par ce moyen j'aurai la liberté
de publier la mienne sans obstacle, & nous
serons l'un & l'autre à l'abri.

Le Sieur de Voltaire s'applaudit beau-
coup de cette invention, qui lui paroissoit
merveilleuse, & fut surpris d'appercevoir
que je l'écoutois froidement. Je m'excusai
sur la pésanteur de mon esprit, qui m'em-
pêchoit de goûter cet expédient. Ma sim-
plicité lui fit pitié; elle m'attira même une
riche profusion d'épithétes, malgré lesquelles je persistai dans mon refus.

J'ai dit que j'avois remis au Sieur de
Voltaire deux Exemplaires, pour revoir les
endroits qui avoient besoin d'être retou-
chés; quel est l'usage qu'il en fit ? C'est
ce qu'il faut voir dans une lettre qu'il
m'a écrite, & qui est imprimée à la suite de
ce Memoire. Il en confia l'un, dit-il, pour
le faire relier; à qui ? à un Libraire qui
le fit copier à la hâte & imprimer.

Voltaire eut-il quelque part à cette édi-

tion ? Quand il pourroit s'en deffendre ;
quand je n'irois pas plus loin que l'aveu
qu'il fait dans sa Lettre ; quels reproches
n'aurois-je pas à lui faire sur son infidélité
& sur l'abus qu'il a fait de ma confiance ?
Mais n'ai-je à lui reprocher que cette infidélité ? Est-il vrai-semblable, que pour relier
un livre, Voltaire se soit adressé, non à son
Relieur, mais à un Libraire ? Qu'il ait livré un ouvrage qui pouvoit causer ma ruine, qu'il devoit regarder comme un dépôt sacré, & dont il craignoit la *contre
faction*; qu'il l'ait livré, dis-je, à un Libraire, & à un Libraire, non seulement, qui par
sa profession même lui devenoit suspect :
mais qu'il connoissoit si mal ? d'ailleurs, par
qui ce Libraire a-t-il pû être informé que
l'Exemplaire qui lui étoit remispar le Sieur
de Voltaire sortoit de mon Imprimerie ?
Qui a pû en instruire celui, qui avant que
l'édition de ce Libraire parut, vint me prier
de lui fournir 100. Exemplaires du Livre
& m'en offrit 100. loüis d'or, que j'eus la

conftance de refufer ? * A l'inftigation de
qui les Colporteurs , chargés de débiter
dans Paris l'édition de ce Libraire, annon-
çoient-ils au public que j'en étois l'Auteur ?
C'eft un fait que j'ai éprouvé moi-même.
A qui attribuer cette édition étrangere qui
parut en 1734. précifément dans l'époque
de mes malheurs : édition que Voltaire a
augmentée d'une vingt-fixiéme Lettre ,
dans laquelle il répond à des faits qui ne
font arrivés qu'en 1733. édition qui fe ven-
doit chez Ledet Imprimeur du Sieur de
Voltaire à Amfterdam , & qui a pour ti-
tre LETTRES , &c. PAR M. DE V ***
A ROUEN CHEZ JORE M. DCCXXXIV.
Et pour tout dire, en un mot ; qu'eft-ce
que cette Lettre écrite contre moi au Mi-
niftere ? Car enfin , c'eft trop balancer fur
la perfidie du Sieur de Voltaire ; l'édition
du Libraire de Paris fe répand dans le pu-

---

* Ils furent offerts fur l'un des deux Exemplaires remis
au Sieur de Voltaire : cet Exemplaire avoit été vû par
des perfonnes de la premiere qualité , & avoit piqué
leur curiofité.

blic, je suis arrêté & conduit à la Bastille, & quel est l'auteur de ma détention ? Sur la dénonciation de qui suis-je arrêté ? Sur celle du Sieur de Voltaire. Je suis surpris qu'on me présente une Lettre de lui, dans laquelle il m'accuse faussement d'avoir imprimé l'édition, qui paroît, dit-il, malgré son consentement.

Que peut répondre le Sieur de Voltaire à tous ces faits qui me confondent moi-même ? N'étoit-il qu'infidéle ? Etoit-il seulement coupable d'avoir trahi le secret d'un homme qu'il avoit séduit par l'assûrance d'une permission tacite, & d'avoir publié ce secret à qui avoit voulu l'entendre ? Etois-je moi-même infidéle à ses yeux ? Le Sr. de Voltaire crut-il effectivement que l'édition qui paroissoit étoit la mienne ? Pouvoit-il le penser, lorsque j'avois refusé les mille écus qu'il m'avoit fait offrir lui-même pour cette édition, & que j'avois déclaré que je ne consentirois jamais à la laisser répandre, sans le certificat de la permission ?

Etoit-il même possible, que versé comme
il est dans l'Imprimerie, il méconnût les
différences de ces deux éditions, le papier,
les caracteres, quelques termes même qu'il
avoit changés ? Ou au contraire le Sieur
de Voltaire avoit-il résolu de me sacrifier ?
Piqué de mes refus, désespérant également d'obtenir une permission, & de me
faire consentir à laisser paroître son ouvrage sans me la rapporter, ne me demanda-
t-il les deux Exemplaires que pour en faire
faire une autre édition, & pour en rejet-
ter sur moi l'iniquité ? J'avouë que c'est un
cahos dans lequel je n'ai jamais pû rien com-
prendre, parce qu'il est des noirceurs, dont
je ne sçaurois croire les hommes capables.
Ce qui est certain, c'est que deux jours après
avoir obtenu ma liberté, le Magistrat à qui
je la devois, me montra une seconde Lettre de Voltaire, dans laquelle en m'accu-
sant de nouveau d'avoir fait paroître mon
édition, il ajoûtoit que j'étois d'autant plus
coupable qu'il m'avoit mandé de la remettre

tre à Monfieur Roüillé, & m'avoit offert
de m'en payer le prix; & ce qui eft encore
certain, eft que dans la Lettre que l'on
mettra fous les yeux des Juges à la fuite de
ce Memoire, après avoir fait mention de
cette autre Lettre, par laquelle il me mar-
quoit, dit-il, de remettre toute mon édition à M. Roüillé, le Sieur de Voltaire re-
connoît de bonne-foi que j'étois à la Baftille lorfqu'il me l'écrivit, c'eft-à-dire, qu'il a
commencé par m'accufer d'avoir rendu
mon édition publique; qu'enfuite lorfque,
fur fa fauffe dénonciation, j'étois à la Baftille, il m'a écrit de remettre à M. Roüillé
cette même édition que je n'avois plus,
& que par une double contradiction qui
dévoile de plus en plus le deffein qu'il avoit
formé de me perdre, il a voulu encore
me charger de n'avoir répandu l'ouvrage
dans le public, qu'après qu'il m'avoit averti
de la remettre aux Magiftrats.

Cependant je parvins à prouver l'impofture du Sieur de Voltaire. Je fis voir que

B

l'édition n'étoit pas de mon Imprimerie, &
que je n'avois point de caraĉteres fembla-
bles, de façon que j'obtins ma liberté au
bout de 14. jours.

Mais mon bonheur ne fut pas de lon-
gue durée. Mon édition fut furprife & faifie,
& j'éprouvai bientôt une nouvelle difgra-
ce plus cruelle que la premiere. Par Arrêt
du Confeil du mois de Septembre 1734.
j'ai été deftitué de ma maîtrife, déclaré in-
capable d'être jamais Imprimeur ni Libraire.

Tel eft l'état où m'a réduit la malheureufe confiance que j'avois eüë pour le
Sieur de Voltaire; état d'autant plus trifte
pour moi que je lui ai été plus fidele, puifque indépendemment des 100. Louis que
j'ai refufés pour 100. exemplaires d'une per-
fonne, dont l'honneur m'étoit trop connu
pour me laiffer rien appréhender de fa part,
je ne voulus pas écoûter la propofition du
Sieur Chatelain Libraire d'Amfterdam,
qui pour un feul exemplaire m'offrit 2000.

livres ; avec une part dans le profit de l'édition qu'il en comptoit faire , & que mon scrupule alla même jusqu'à ne vouloir pas permettre de prendre lecture de l'ouvrage en ma préfence à un ami qui avoit apparemment appris mon secret par la même voie qui en avoit inftruit tant d'autres.

Dans l'abîme où je me fuis vû plongé par mon Arrêt , fans profeffion , fans reffource, je me fuis adreffé à l'auteur de tous mes maux, perfuadé que je ne devois mes malheurs qu'au déreglement de fon imagination , & que le cœur n'y avoit point de part. J'ai été trouver Voltaire ; j'ai imploré fon crédit & celui de fes amis. Je l'ai fupplié de l'employer pour me procurer quelque honnête moyen de fubfifter & de me rendre le pain qu'il m'avoit arraché. Il m'a leuré d'abord de vaines promeffes ; mais bientôt, il s'eft laffé de mes importunités & m'a annoncé que je n'avois rien à efperer de lui. Ce fut alors que n'ayant plus de grace à attendre du Sieur de Voltaire , fi cepen-

B ij

dant ce que je lui demandois en étoit une,
j'ai crû pouvoir au moins exiger de lui le
payement de l'impreffion de fon livre. Pour
réponfe à la lettre que je lui écrivis à ce
fujet, il me fit dire de paffer chez lui. Je
ne manquai pas de m'y rendre, & fuivant
fon ufage, il me propofa de couper la dette par la moitié. Je lui répliquai ingénument
que je confentirois volontiers au partage, à
condition qu'il feroit égal; que j'avois été
prifonnier à la Baftille pendant 14. jours;
qu'il s'y fît mettre fept, que l'impreffion de
fon livre m'avoit caufé une perte de 22000.
livres qu'il m'en payât 11. qu'il me refte-
roit encore ma deftitution de maîtrife pour
mon compte. Ma franchife déplût au Sieur
de Voltaire, qui cependant par réflexion
pouffa la générofité jufqu'à m'offrir cent pif-
toles pour folde de compte; mais comme je
ne crus pas devoir les accepter, mon refus
l'irrita, il fe répandit en invectives, & alla
même jufqu'à me menacer d'employer pour
me perdre ce puiffant crédit dont fon mal-

heureux Imprimeur s'étoit vainement flaté ,
pour fortir de la trifte affaire où il l'avoit
lui-même engagé.

Voilà les termes où j'en étois avec le
Sieur de Voltaire, lorfque je l'ai fait affi-
gner le 5. du mois dernier. Les défenfes
qu'il m'a fait fignifier méritent bien de trouver ici leur place ; » Il y a lieu, dit-il, d'être
» furpris de mon procedé témeraire. Mon
» avidité me fait en même-tems tomber dans
» le vice d'ingratitude contre lui, & lui in-
» tenter une action qui n'a aucun fonde-
» ment, d'autant qu'il ne me doit aucune
» chofe, & qu'au contraire il m'a fait con-
» noître qu'il eft trop généreux dans l'occa-
» fion pour ne pas fatisfaire à fes engage-
» mens ; c'eft pourquoi il me foutient pure-
» ment & fimplement non recevable en ma
» demande dont je dois être débouté avec
dépens.

C'eft ainfi que le Sieur de Voltaire, non
content de vouloir me ravir le fruit de mon
travail, non content de manquer à la recon-

noiſſance & à la juſtice qu'il me doit, m'in-
ſulte & veut me noircir du vice même qui
le caractériſe. Ce trait ne ſuffit pas encore
à ſa malignité. Il oſe publier dans le monde
qu'il m'a payé & que dans l'appréhenſion que
je ſens qu'il peut-être devoir ſe rallumer
un feu caché ſous la cendre, j'abuſe de la triſ-
te conjoncture où il ſe trouve pour faire revi-
vre une dette acquittée. Sous ce pretexte il
ſe déchaîne contre moi, & ſa fureur ne peut
être aſſouvie ſi ce faux délateur n'obtient une
ſeconde fois de me voir gémir dans les fers.
Aſſuré ſur mon innocence, ſur l'équité de
ma cauſe, ſur la renommée de Voltaire, je
n'ai été allarmé ni de ſes menaces, ni de ſes
vains diſcours; & convaincu par ma propre
expérience à quel point il ſçait ſe joüer de
ſa parole, je n'ai pû me perſuader que ſon
témoignage fût aſſez ſacré pour me faire con-
damner ſans m'entendre.

Je ſuis donc demeuré tranquille & ne me
ſuis occupé que de ma deffenſe. Je me dois
à moi-même ma propre juſtification. J'ai

penfé que je ne pouvois mieux l'établir qu'en
rendant un compte exaɛ̃t des faits. Les ré-
flexions que je vais ajouter en prouveront la
vérité : en même tems qu'elles feront ceffer
les clameurs du Sieur de Voltaire, elles re-
jetteront fur lui l'opprobre dont il cherchoit
à me couvrir, & engageront même à me
plaindre fur ma malheureufe étoile qui m'a
procuré une auffi étrange liaifon. En effet,
quelle fatale connoiffance pour moi que celle du Sieur de Voltaire? & que penfer de
cet homme dont il eft également dangereux
d'être ami comme ennemi, dont l'amitié a
caufé ma ruine & ma perte, & qui ne veut
rien moins que me perdre une feconde fois,
s'il eft poffible, depuis que pour lui demander mon dû, je fuis devenu fon ennemi.

Maintenant il me refte à établir mes
moyens & à répondre aux objeɛ̃tions du
Sieur de Voltaire; mais ne me préviens-t-on
pas déja fur ces deux objets? Après les faits
dont j'ai rendu compte, l'équité de ma caufe
ne s'annonce-t-elle pas d'elle-même, & les

deffenfes du Sieur de Voltaire ne font-elles
pas confonduës d'avance ? mes moyens font
ma demande. Après avoir été trompé, trahi,
ruiné par le Sieur de Voltaire, je lui demande aumoins le prix de mon travail, le prix
d'un ouvrage que j'ai imprimé pour lui &
par fes ordres, que je n'ai imprimé que fur
la foi d'une permiſſion tacite, que *j'ai refuſé
de laiſſer paroître* tant qu'on ne me rapporte-
roit pas *la permiſſion des Superieurs,* * & qui
effectivement n'a jamais paru dans le public.
Quelle eft la preuve de mon travail ? la Lettre du Sieur de Voltaire. S'il me répond que
dans fa Lettre il n'a pas nommé l'Ouvrage
que j'ai imprimé pour lui, je lui replique que
je lui demande le payement d'un Ouvrage que j'ai imprimé pour lui & qu'il n'a point
nommé dans fa Lettre. Le Sieur de Voltaire
ofe publier qu'il m'a payé en me remettant
le manufcrit, mais fa Lettre le confond, elle
prouve fon impofture & fa mauvaife foi. El-

* Lettre du Sieur de Voltaire cy-après.

le prouve qu'il ne m'avoit pas encore payé
en 1734. * lors que j'étois à la Baſtille &
qu'il m'écrivit alors *pour m'en offrir le prix.*
Avancera-t-il qu'il m'a payé depuis ? Sa va-
riation ne ſuffiroit-elle pas pour montrer ſon
infamie ? D'ailleurs ſa Lettre opère un commencement de preuve par écrit, & je demande en vertu de l'Ordonnance, à être admis à la preuve par témoins. Je demande à
prouver que lors que j'allai chez lui, le jour
même que je l'ai fait aſſigner, ſa réponſe fut
que n'ayant tiré aucun profit de l'édition,
il ne m'en devoit que la moitié. Trouvera-t-
on dans cette réponſe, dont je ſuis prêt de
rapporter la preuve, que l'offre qu'il me fit
n'étoit que pour ſe rédimer de ma vexation ?
Il m'a, dit-il, depuis quatre mois fait tou-
cher une gratification de 100. livres, au-
roit-il été queſtion de m'accorder une gratification s'il m'eût dû quelque choſe ? Aurois-je penſé à l'en remercier par une Lettre ? Mais qu'il repréſente ma Lettre, on y

* L'édition a été faite en 1731.

verra le motif de cette gratification. On y
verra que le Sieur de Voltaire allarmé d'un
bruit, qui fe répandoit, qu'on imprimoit un
de fes Ouvrages, que je ne nommerai point,
il me chargea d'employer tous mes foins,
tant à Paris qu'au dehors, pour découvrir
fi ce bruit avoit quelque fondement, & que
les 100. livres furent la récompenfe des
mouvemens que je m'étois donné.

Mais il en faut venir à la grande objection
du Sieur de Voltaire, au reproche qu'il me
fait de la perfidie la plus noire, au reproche
d'abufer de la conjoncture où il fe trouve,
d'abufer d'une Lettre qu'il a eu la facilité de
m'écrire, & que j'ai fçû tirer de lui fous
prétexte de folliciter ma réhabilitation,
d'en abufer, dis-je, pour le forcer, par la
crainte d'un procès deshonorant, à me
payer une fomme, qu'il ne me doit pas,
& à laquelle il eft hors d'état de fatisfaire.

C'eft donc là le grand moyen du Sieur
de Voltaire, ou plûtôt le déplorable fo-
phifme avec lequel il prétend en impofer

aux perſonnes les plus reſpeɛtables : car
enfin la haine de ce reproche ne retom-
be-t-elle pas ſur ſon auteur ? Eh ! qu'ai-
je à me reprocher, à moi qui ne fais que
demander mon dû ? S'il eſt vrai que le Sieur
de Voltaire ne m'a pas payé, comme il
n'eſt que trop certain, comme il eſt évi-
dent, comme j'offre d'en achever la preuve, en quoi ſuis-je coupable de m'appuier
d'une Lettre qui, en même tems qu'elle
établit ma demande, me juſtifie d'une calomnie ? les inconveniens ſont-ils mon
fait ? En puis-je être garant ? Que ne me
payoit-il ſans me noircir dans le public du
crime d'exiger deux fois la même dette ?
Ne devoit-il pas être content de tous les
maux qu'il m'a cauſés, de m'avoir engagé
dans une affaire malheureuſe, ſur la fauſſe
aſſurance d'une permiſſion, de m'avoir pri-
vé de la liberté par ſa dénonciation calom-
nieuſe, de m'avoir enlevé ma fortune &
mon état, ſans vouloir encore me ravir
l'honneur ? N'ai-je pas à retorquer ſon ar-

gument contre lui ? N'ai-je pas à lui reprocher qu'il veut fe faire un rempart de fa Lettre & des circonſtances qu'elle renferme ,
non feulement pour me refufer le payement de ce qui m'eſt dû , mais encore
pour me rendre odieux & pour accumu-
ler contre moi calomnie fur calomnie ? Et
lorſque le Sieur de Voltaire a la hardieſ-
fe d'appuyer fes faux raiſonnemens d'un
menſonge auſſi groſſier que celui de fon
indigence , lorſqu'avec 28000. livres de
rente , * indépendemment des fommes
d'argent qu'il a répanduës dans Paris , il
ofe avancer qu'il eſt hors d'état de payer
une fomme auſſi conſidérable que celle
que je lui demande ; fe peut-il que quelqu'un fe laiſſe éblouir par fes artifices ? Ne
fe trahit-il pas lui-même par cette nouvelle fauſſeté ? Cette derniere circonſtance ne
montre-t-elle pas clairement ce qu'on
doit penſer de toutes les autres ; & dans
toute la conduite que le Sieur de Voltaire a

* Il y en a 18500. de faifis pour la dette préſente.

tenuë avec moi ne voit-on pas un homme à qui rien n'eſt ſacré, qui ſe joüe de tout, & qui ne connoît point de moyens illicites, pourvû qu'ils le menent à ſon but ?

Enfin le Sieur de Voltaire m'oppoſe une fin de non recevoir. Il ſoûtient que je ſuis mal fondé à lui demander le payement d'une édition qui a pû être ſaiſie. Une fin de non recevoir, c'eſt donc-là la deffenſe familiere du Sieur de Voltaire ? C'eſt ainſi qu'il vient de payer un tailleur pauvre & aveugle, à qui comme à moi, il a oppoſé une fin de non recevoir. Voilà donc le payement qui m'étoit réſervé & que ma malheureuſe confiance pour le Sieur de Voltaire devoit me procurer ? Mais eſt-il recevable lui-même à m'oppoſer cette fin de non recevoir ? après m'avoir ſéduit par l'aſſûrance d'une permiſſion verbale ; après que je n'ai travaillé que ſur la foi de cette permiſſion ; après que, ſi je ſuis coupable, je ne le ſuis que pour m'être fié à la parole

du Sieur de Voltaire , puifque dans tous les
tems j'ai refufé de laiffer répandre l'édition,
jufqu'à ce que la permiffion me fût mon-
trée & qu'effectivement elle n'a jamais paru, de quel front le Sieur de Voltaire, ofe-
t-il fe faire une exception de ce qu'il m'a
trompé ? j'ai trop de confiance dans l'équité des Juges pour appréhender qu'ils adop-
tent une deffenfe auffi odieufe. J'efpére même que les perfonnes refpectables qui ho-
norent de leur protection les talens du
Sieur de Voltaire me plaindront d'avoir
été féduit par ces mêmes talens & que tou-
chées de mes malheurs, elles pardonneront
à la néceffité de me deffendre & de me
juftifier d'avoir dévoilé des faits que l'inté-
rêt feul ne m'auroit jamais arrachés & que
je n'ai mis au jour qu'afin de ne me pas
laiffer ravir l'honneur , le feul bien qui me
refte.

Signé , J O R E.

A Cirey en Champagne ce 25. Mars 1736.

VOUS me mandez , Monſieur , qu'on vous donnera des Lettres de grace, qui vous rétabliront dans votre Maîtriſe en cas que vous diſiez la vérité qu'on exige de vous ſur le Livre en queſtion , ou plûtôt dont il n'eſt plus queſtion.

Un de mes amis très-connu , ayant fait imprimer ce Livre en Angleterre uniquement pour ſon profit, ſuivant la permiſſion que je lui en avois donnée, *vous en fites de concert avec moi une édition en* 1730. (*c'eſt en* 1731.)

Un des hommes des plus reſpeſtables du Royaume, ſçavant en Théologie comme dans les Belles-Lettres, m'avoit dit en préſence de dix perſonnes chez Madame de Fontaine-Martel, qu'en changeant ſeulement vingt lignes dans l'Ouvrage , il mettroit ſon approbation au bas. Sur cette confiance je vous fis achever l'édition. Six mois après j'appris qu'il ſe formoit un parti pour me perdre, & que d'ailleurs M. le G. D. S. ne vouloit pas que l'Ouvrage parût. *Je priai alors un Conseiller au Parlement de Roüen de vous engager à lui remettre toute l'édition. Vous ne voulûtes pas la lui confier , vous lui dîtes que vous la déposeriez ailleurs , & qu'elle ne paroî. troit jamais sans la permission des Superieurs.*

Mes allarmes redoublerent quelques tems après , surtout lorsque vous vîntes à Paris. Alors je vous fis venir chez M. le Duc de Richelieu , je vous avertis que vous seriez perdu si l'édition paroissoit, & je vous dis expressément que je serois obligé de vous dénoncer moi-même. Vous me jurâtes qu'il ne paroîtroit aucun Exemplaire ; mais vous me dîtes que vous aviez besoin de 1500. livres * , je vous les fis prêter sur le champ par le Sieur Paquier Agent de Change , rüe Quinquempoix, & vous renouvellâtes la promesse d'ensevelir l'édition.

* Ils m'avoient été prêtés pour 4. mois & je les ai acquités au bout de deux.

Vous

Vous me donâtes seulement deux Exemplaires, dont l'un fut prêté à Madame de ...
& l'autre tout décousu fut donné à F. Libraire ruë ..... qui se chargea de le faire relier pour M...... à qui il devoit être confié pour quelques jours.

F. par la plus lâche des perfidies, copia le Livre toute la nuit avec R. petit Libraire d... & tous deux le firent imprimer sécrettement. Ils attendirent que je fusse à la campagne à soixante lieuës de Paris pour mettre au jour leur larcin. La premiere édition qu'ils en firent étoit presque débitée, & je ne sçavois pas que le Livre parût. J'appris cette triste nouvelle & l'indignation du gouvernement. Je vous écrivis sur le champ plusieurs Lettres, pour vous dire de remettre toute votre édition à M. Roüillé, & *pour vous en offrir le prix.* Je ne reçus point de réponse. Vous étiez à la Bastille. J'ignorois le crime de F. Tout ce que je pus faire alors, fut de me renfermer dans mon innocence, & de me taire.

C

Cependant R. ce petit Libraire ; fit en secret une nouvelle édition , & F. jaloux du gain que son cousin alloit faire , joignit à son premier crime celui de faire dénoncer son cousin R. . . . . Ce dernier fut arrêté , cassé de Maîtrise , & son édition confisquée.

Je n'appris ce détail que dans un séjour de quelques semaines , que je vins faire malgré moi à Paris pour mes affaires.

J'eus la conviction du crime de F. J'en dressai un Memoire pour M. Roüillé. Cependant cet homme a joüi du fruit de sa méchanceté impunément. Voilà tout ce que je sçai de cette affaire. Voilà la vérité devant Dieu & devant les hommes. Si vous en retranchiez la moindre chose , vous seriez coupable d'imposture ; vous y pouvez ajoûter des faits que j'ignore ; mais tous ceux que je viens d'articuler sont essentiels. Vous pouvez supplier votre protecteur de montrer ma Lettre à Monseigneur le Garde des Sceaux ; mais surtout prenez bien garde à votre démarche, & fongez qu'il faut dire la vérité à ce Miniftre.

Pour moi, je fuis fi las de la méchanceté & de la perfidie des hommes, que j'ai réfolu de vivre déformais dans la retraite, & d'oublier leurs injuftices & mes malheurs.

A l'égard d'Alzire, c'eft au Sieur Defmoulins qu'il faut s'adreffer. Je ne vends point mes Ouvrages, je ne m'occupe que du foin de les corriger; ceux à qui j'en donne le profit s'accommoderont, fans doute, avec vous. Je fuis entierement à vous.

Signé, VOLTAIRE.

Le Confeil fouffigné qui a vû la Lettre & le Mémoire cy-deffus, eft d'avis que le Sieur Jore eft bien fondé à demander à être admis à la preuve par témoins, attendu le commencement de preuve par écrit qui réfulte de la Lettre du Sieur de Voltaire, & que le Sieur de Voltaire eft mal fondé à oppofer au Sieur Jore une fin de non recevoir. Déliberé à Paris ce 9. Juin 1736.

Signé, BAYLE.

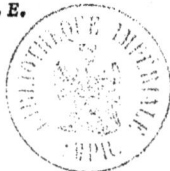

De l'Imprimerie de J A C Q U E S G U E R I N,
Quay des Auguſtins. 1736.